子どもに伝えたい
和の技術

べんとう
弁当

BENTO

著　和の技術を知る会

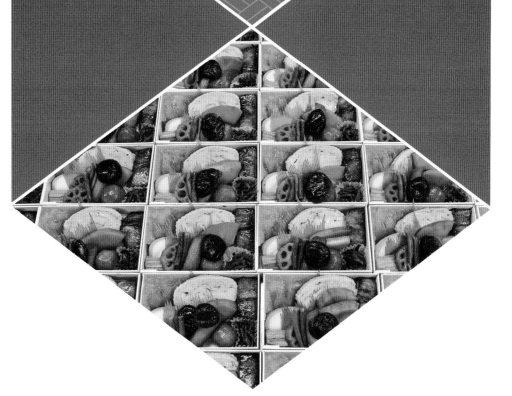

はじめに

何だかうれしくなる魔法の箱「弁当」

　ふだん食べているものでも、弁当箱にきれいにつめられていると、何だかいつもとちがう「特別なもの」という感じがしませんか？　ふたを開けたときの感動も、弁当の魅力のひとつです。つくる人は、冷めてもおいしいように、食べやすいように、衛生的で安全なように、栄養バランスがよいように、食欲がわく見た目になるように、などと考え、くふうしています。この小さな箱には、つくり手のさまざまな思いがつまっているということです。食べる人は、感謝をして食べたいものですね。

　この弁当の文化は、日本の中で独自に発展していきました。家庭の手づくり弁当だけでなく、駅弁や町の弁当専門店、コンビニ弁当など、いろいろなかたちがあります。レストランなどでもわざわざ箱に入れて「松花堂弁当」などとしてメニューにのっています。昔は、英語で「ランチボックス（昼食をつめた箱）」と弁当は訳されていましたが、今では「bento」とそのまま受け入れられるようになりました。ランチボックスではおさまらない奥深さが、日本の弁当にはあるというわけです。

　この本では、弁当について、その種類や歴史、老舗弁当店の技、弁当箱の今昔など、さまざまな角度から紹介しています。知れば知るほど、日本文化の奥深さを感じ、弁当のすばらしさがわかってくることでしょう。

▲ 1965 年ごろの横川駅（群馬県）
老舗駅弁店・荻野屋の四代目社長高見澤みねじが、横川駅で弁当を買って食べている客に、弁当の要望を聞いているところ。のちに、温かい状態で食べられる「峠の釜めし」（9 ページ参照）が売り出されました。

もくじ

弁当の世界へようこそ

いろいろな弁当を見てみよう

弁当の種類はとてもたくさんありますね。目的や内容に分けて、いくつかの弁当を紹介します。ほかにはどんな弁当があるのかも、考えてみましょう。

行楽弁当

> みんなで集まって
> ワイワイ食べるよ！

重箱の行楽弁当
うるしぬりの重箱につめられた行楽弁当です。昔から、日本人は気候のよい季節に弁当を持って、野山へ遊びに行きました。春の花見や、秋の紅葉狩など、きれいな景色を見ながら食事を楽しむ風習です。

運動会

運動会などのイベントで、みんなで食べる弁当も行楽弁当のなかまです。食べたあとは、はりきって走ることができそうです。

おにぎり弁当

> 昔も今も
> 大人気

おにぎりをメインにした弁当は、ずいぶん昔からありました。はしがなくても食べやすいようにおかずもくふうすると、便利です。

サンドイッチ弁当

> 手で食べられる
> 手軽さが特長

おかずと主食のパンがいっしょになったサンドイッチは、食べやすく、弁当に向いています。

キャラ弁

食べるのが
もったいない？

サンタ
サンタと赤鼻のトナカイ、スノーマンを表現したキャラ弁です。サンタの帽子はカニ風味かまぼこです。

パンダ
七夕の短冊をつけた笹飾りと、そこから連想したパンダの弁当です。小さなカニが、肉だんごの岩のすき間にかくれています。

駅 弁

列車の旅には
かかせません

沿線の産物や郷土料理を取り入れてつくられることが多く、旅の気分をもりあげてくれる弁当です。列車の中や、駅などで売られています。

助六ずし

歌舞伎から
生まれたよ！

稲荷ずしとのり巻きを組み合わせた弁当を助六ずしといいます。歌舞伎の演目「助六由縁江戸桜」に登場する主人公・助六からついた名前です（由来は29ページ参照）。

茶会の点心

懐石料理の
コンパクト版

茶道の略式の茶会のとちゅうでいただく、軽めの食事を「点心」とよびます。本来は懐石料理として和食のフルコースが出るところを、小さな弁当風にまとめて出されることから、区別しています。

祭りの弁当

地域の特色が
見られそう

地域の人たちが協力し合っておこなう祭りでは、弁当がふるまわれることがあります。これは沖縄県の竹富島の「種子取祭」で配られた弁当です。沖縄独特の紅白かまぼこが、1切れ入っています。

各地域の特色ある弁当

日本全国に、各地域の文化や風習、産物などを取り入れた、いろいろな弁当があります。見ていると食べてみたくなり、その土地へ行ってみたくなるでしょう。

6〜9ページで紹介する地域

⑯青森県
⑰北海道
⑭新潟県
⑨富山県
⑮山形県
⑧福井県
⑤兵庫県
⑬群馬県
④香川県
⑫千葉県
⑪神奈川県
⑩愛知県
③徳島県
⑦三重県
②宮崎県
⑥奈良県
①鹿児島県

❶鹿児島県

あく巻き

豊臣秀吉の朝鮮出兵のときや、西郷隆盛の西南戦争のときなど、薩摩藩士たちが長年愛用してきた郷土料理の弁当です。もち米と竹皮を、灰をとかした「あく（灰汁）」につけてから、竹皮でもち米を包み、あくでゆでてつくります。

❷宮崎県

元祖椎茸めし

干ししいたけの名産地ならではの駅弁です。およそ60年前に発売され、旅人だけでなく地元の人にも愛されています。しいたけは3日間かけててていねいに味つけされています。

❸徳島県

江戸時代から続く子ども用の弁当　遊山箱

遊山とは、山に遊びに行くことです。徳島には、桃の節句（旧暦）の際に、子どもたちが男女ともに、小さな弁当箱「遊山箱」を持って、野山に遊びに行く風習がありました。小さいためすぐに空っぽになるので、何度も往復することが多かったようです。この風習は、春の農作業のはじまりのための神事でもありました。田の神様が、子どもたちといっしょに下りてきてくれるように、という願いもあったそうです。昭和中期に、この文化は一度途絶えてしまいましたが、遊山箱を復活させ、さまざまに活用する働きかけが続いています。

▲のり巻き、煮もの、ういろ（ういろう）や寒天を入れるのが昔ながらの遊山箱の中身です。

▲おめかしした子どもたちが、小さな遊山箱を持っている、昭和初期の写真です。

❹香川県

わりご弁当

小豆島（しょうどしま）の肥土山（ひとやま）地区に伝わる弁当です。毎年5月3日におこなわれる「肥土山農村歌舞伎（ひとやまのうそんかぶき）」のための弁当で、大きな木箱に約20人分入るようになっています。箱がななめになっているのは、それをたがいちがいに組み合わせて入れるためです。

❺兵庫県

ひっぱりだこ飯

全国的にも有名な、地元でとれる明石（あかし）ダコを使ったたこめしです。器はタコ漁に使う「タコつぼ」風につくられています。明石海峡大橋（あかしかいきょうおおはし）開通記念（1998年）に開発され、明石の駅弁として親しまれています。

名前も容器も
とっても
ユニーク！

❻奈良県

柿の葉（かきのは）ずし

酢（す）めしにサバやサケなどの魚の切り身をのせ、柿の葉（かきのは）で包んで押し、熟成（じゅくせい）させてうまみを出したすしです。柿の葉（かきのは）に殺菌効果（さっきんこうか）があることや、中身に手を触れずに食べられることから、弁当に向いています。

❼三重県

目を見はるほど
大きいことが
名前の由来

めはりずし

木材の産地である熊野（くまの）・紀州（きしゅう）地域（ちいき）で、木を切る「きこり」や、切った木を運ぶ「いかだ師（し）」たちが弁当にしていました。にぎりめしを青菜のつけもので包んであり、片手（かたて）で手早く食べられるのが特徴（とくちょう）です。

7

❾富山県　ますのすし

およそ100年前に富山駅で発売され、多くの人に愛されてきた駅弁です。丸い木のおけに笹の葉を放射状に敷き、酢めしをつめて、マスをのせ、笹の葉でくるみ、木のふたをして、竹の棒で押してつくります。切り分けられるナイフもついています。

❽福井県

越前かにめし

カニの名産地だからこそ、カニの特徴を生かした名物を生み出しました。ごはんを、カニみそなどうまみたっぷりの内臓とともにたいて、その上にズワイガニや紅ズワイガニの身をのせています。

⓫神奈川県

シウマイ弁当

横浜名物「シウマイ」の妹分として1954年に誕生した弁当です。「シウマイ」を中心に、鶏のから揚げやタケノコの煮ものなどをつめこんだ、ボリュームとバランスにこだわった幕の内風弁当です。

❿愛知県

稲荷寿し

日本三大稲荷のひとつ「豊川稲荷」（豊川市）の門前で稲荷ずしが売られ、参拝客に親しまれてきました。稲荷神社には油あげを供えるならわしがあるため、油あげを使ったすしを稲荷ずしというようになったようです。豊橋駅では駅弁としても愛されています。（14～15ページ参照）

⓬千葉県

鉄砲巻き

富津市の漁師が、仕事の合間の弁当として食べてきました。おもに、カツオ節を具にしたのり巻きで、鉄砲の筒のように見えたことが名前の由来のひとつです。のりを巻いたあと、両端を閉じ、ゆれる船の上でも食べやすくしています。

⑬群馬県

この器で
ごはんが
たけるよ！

峠の釜めし

駅弁の老舗・荻野屋が、お客さんからの「温かくて、家庭的なぬくもりがあり、見た目も楽しいお弁当」という要望にこたえてつくった、横川駅の名物です。容器は本物の焼きものなので、食べ終わったら調理に使えるのも魅力のひとつです。

⑭新潟県

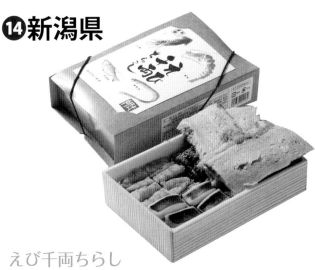

えび千両ちらし

ふたを開けて目に入るのは、びっちりならんだ玉子焼きと、その上にのったエビのおぼろだけです。でもその玉子焼きをめくると、ウナギのかば焼き、コハダの切り身、蒸しエビ、イカの一夜干しがかくれているという、楽しいおどろきのある新潟駅の駅弁です。

⑮山形県

牛肉どまん中

ユニークな名前と思いますが、じつは弁当の中身を表していて、山形県産ブランド米「どまん中」の上に、秘伝のたれで煮こんだ牛肉（そぼろと薄切りの２種類）をのせた弁当です。山形新幹線の開業に合わせて開発されました。

⑯青森県

法界折

津軽地方（一部秋田県をふくむ）に伝わる弁当です。夏のお盆に墓へ供え、持ち帰って先祖の霊といっしょに食べるというならわしが、今に続いています。昔は各家庭で手づくりしていましたが、今はスーパーや外食店で買う人が多くなったようです※。内容に決まりはありませんが、おもに赤飯・煮もの・エダマメやトウモロコシなどの季節の野菜・ところてん（ゼリー）・菓子などが入っています。

※長い時間持ち運んだ場合、衛生面などから食べないこともあります。

⑰北海道

いかめし

北海道の渡島地域の郷土料理です。イカの胴に米（うるち米ともち米）をつめ、ようじでふたをして、ゆでてからたれで煮てつくります。函館本線森駅の名物駅弁ですが、全国的に有名になっています。

9

弁当の技を見てみよう

老舗弁当店のスゴ技

日本で今も続いている、もっとも古い弁当店「日本橋弁松総本店」の弁当づくりを見てみましょう。長年受けついでいること、新しく取り入れたことなど、さまざまな技があります。

【弁当づくりのさまざまなくふう】

弁当は、つくりたてを食べるものではなく、できたものを持ち運び、数時間後に食べるものです。そのため、時間がたっても安全で、おいしく、運びやすくする必要があります。弁当にかくされている、さまざまなくふうを見てみましょう。

＜おいしそうな見た目＞

ふたを開けたときに、「おいしそう」という気持ちをおこさせるのも、弁当のたいせつなところです。美しい色どりや適度なつやは、食欲をかきたてます。

並六

6寸（長辺約18センチ）という箱の大きさから名前がついた、弁松でもっとも多くつくられる弁当です。江戸時代からのかわらない「濃ゆい」味が特徴です。

＜安心安全なこと＞

毎日弁当づくりが終わると、調理場や調理道具をピカピカにそうじします。安全な食材を準備し、調理したらしっかり冷ましてからつめることもたいせつです。食材に雑菌が増えやすい 30 〜 40℃になる時間を、できるだけ短くします。

＜味をまぜない技＞

料理の配置のくふうや、緑のバラン、カップなどで、味のちがう料理を区切り、おいしく食べられるようにしています。

＜長もちする味つけ＞

つくだ煮やジャムが日もちするように、おかず1つ1つに味をしっかりつけることで、雑菌が増えにくい状態にして、常温でも長もちしやすくしています。

＜器に合ったつめ方＞

ゆったりつめるとかたよりやすく、ギュッとつめると、とくにごはんは食べにくくなります。ほどよい加減でつめることで、持ち運びやすくしています。

【1品ずつのつくり方】

弁松の「並六」を例に、1品ずつのつくり方を見ていきましょう。長年受けつがれてきた、分業による、それぞれの熟練の技が光ります。

うま煮

7種類の具材を、すべて別べつに煮ます。それぞれの食材に合わせて味つけして、煮こむことで、食材の特徴を生かしています。

インゲン

食感を残しながら、色あざやかにしあげることがたいせつです。季節により、キヌサヤを使います。

ふ

「つとぶ」という生ふに似た食材の煮ものです。中まで味がしみるように、弱火で20分ほど煮ます。

サトイモ

もっとも手間と時間のかかる煮ものです。前日に下ゆでをしておいたサトイモを、鍋底につかないように敷いたざるの上に入れ、調味料を加えて火にかけます。とちゅうで味を濃くしていきながら、2時間半ほど煮ます。

敷きざる

ゴボウ

下ゆでをして、変色をおさえ、味をしみこみやすくしてから煮ます。太さをそろえて、食べやすいかたさにしあげます。

シイタケ

前日から水でもどしておいた干ししいたけを、1時間ほど煮ます。

タケノコ

前日に下ゆでして水煮のにおいをとっておいたタケノコを、約1時間弱煮ます。平らな面がくっつきやすく、白く残りやすいので、かきまぜながら煮ます。

レンコン

あくぬきなどの下処理をしたレンコンを、味をつけて約45分煮ます。

コンロごとの火力のクセにも気を配っています

形がくずれやすいためまぜることができません。煮じるが均一にいきわたるようにつねに煮立たせながら、ふきこぼれたりこげたりしないように、調整する必要があるのです。泡の状態を見て、マメに火加減を調整したり、水をたしたりします。

冷ますことも調理の延長だよ！

しっかり冷ます

おかずは冷却機やせんぷう機などで、しっかり冷ましてから、折り箱につめます。余熱で食材に火が通りすぎるのを防ぎ、雑菌の繁殖をおさえる目的があります。

11

玉子焼き

月のように
きれいな黄色に
焼きあげるよ！

弁松の弁当の顔ともいえる、だしの味わいを生かした玉子焼きです。職人が、鍋を3つずつあやつり、ていねいに焼いていきます。

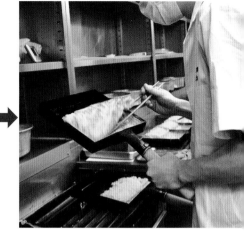

だしや調味料を加えた卵液を鍋に入れ（写真上）、かたまってきた部分をはしで切るようにまぜながら（写真下）、均一に火を通していきます。

全体が半熟になったら、鍋とはしを上手に使って、手前へ半分に折ります。たくみな動きのおかげで、卵は下に流れ落ちません。

ひざを曲げ、全身で反動をつけながら、エイッ。きれいに半分に折れました。手首が痛くなるようでは、上手にあつかえていない証拠だそうです。

残りの卵液をたして同様に焼き、表面を色よくしあげます。

焼きあがったら、巻きすで形をととのえ、あら熱がとれるまで置いておきます。

しっかり冷めたら、専用のカッターで厚さをそろえて切ります。

魚の照り焼き

1尾100キロ以上のメカジキの切り身を、あまからい照り焼きにします。くさみを残さないための、下処理がたいせつです。

不規則な形から、
大きさや重さを
そろえて切るには
経験が必要！

天板にならべてオーブンで、
1回約10分焼きます。

大きさをそろえて切り、塩をふって水ぬきし、しょう油にひたす「しょう油洗い」を、前日におこないます。

ふたたびたれをぬって、しあげます。

たれをぬり、
次は5分焼きます

つめやすい温かさにしたごはんを、適量ずつ折り箱に入れ、平らにならします。乾燥して表面がかたくなるのを防ぐために、ふたをして冷まします。

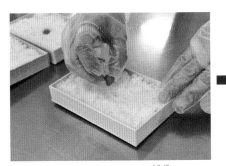

平らにならしてから、まん中に梅干しをのせていきます。

すぐにふたをして、乾燥を防ぎます。

すき間があくように積み上げて、冷まします。風ですばやく冷ますことで、ふたをしても水滴がつきにくくなります。

【折りづめ】

折り箱におかずをつめ合わせていきます。下になるものから順に、チームワークよく盛りつけていきます。

すべてが同じ形ではないので、食材の形や大きさに合わせて、調整しながら入れていきます。小さいものなら2個入れて、おとく感を出します。

エゾマツを薄くけずった「経木」の箱を使用しています。よぶんな湿気を吸い、呼吸できる素材のおかげで、おいしさを保つことができます。

最後にいろどりのインゲンをのせたらつめ終わり。ふたをして、ごはんと重ねて包装します。

角が出るようにきれいに包みます

できあがり！

日づけが変わるころからはじめた作業がようやく終わり。直営店や百貨店にならびます。

駅弁の スゴ技

豊橋駅（愛知県）の開業と同時期にはじまり、100年以上続いている駅弁があります。壺屋の「稲荷寿し」が、駅の売店にならぶまでの様子を見てみましょう。

① 油あげを煮る

稲荷ずしの味の決め手になる作業です。創業時からの煮じるをつぎたしながら、ほかにはない奥深い味わいをつくっています。

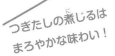

つぎたしの煮じるは
まろやかな味わい！

油ぬき

油あげは、とうふを油で揚げてつくられます。湯で10分ほど煮て油をぬくことで、味がしみこみやすくなります。

少しずつ濃い味へ

はじめは薄いタレで煮はじめ、煮つめながら、約1時間かけて少しずつ濃い味にしていきます。新しいタレと、創業時からつぎたしている煮じるのタレ、両方をまぜるのも特徴です。

② 油あげと酢めしの準備

稲荷ずしの基本の材料を用意します。それぞれにつくるタイミングがたいせつです。

やぶけないように
やさしく。でも、
しっかり開くのがコツ

煮た油あげを開く

手にはさんでもんで、袋を開きやすくします。

切り口から、袋を開きます。

向こう側から指を入れます。

袋の角に指を入れ、しっかり開きます。

四角くととのえて重ね、煮じるをしぼります。

酢めしをつめやすく、きれいにならべられた油あげ

酢めしづくり

駅弁用の酢めしは、前日の日中に準備します。たきたてのごはんを専用の機械に入れ、すし酢を入れてまぜ合わせ、冷ましておきます。

❸ 酢めしをつめる

前日の深夜からはじまる作業です。油あげに、ひとにぎりずつの酢めしをつめていきます。
食べやすいよう、受けつがれた量の酢めしを、やさしい力加減で入れていきます。

手作業とは思えないほど、あっという間に、均等な
形の稲荷ずしが、次つぎにしあがっていきます。

▲まとめた酢めしを、油あげの袋に、
中でかたよらないように入れます。

▲つめたら、少し押してなじませ、
袋を軽く閉じます。

袋がしっかり
開いてあるから
入れやすいんです

▲できたら容器へ入れます。1折りに
7個ずつ、きれいに入れていきます。

❹ 包装する

できあがったら、ふたをして包装していきます。かけ紙をしてひも
で結ぶシンプルな方法が、昔ながらの装いです。

バレンをのせ、透明フィルムをかぶせて
から、紅しょうがをのせてふたをします。
折り箱を重ねながらおこないます。

はしをのせ、かけ紙をかぶせて、十字に
ひもをかけて結んでいきます。

壺屋では、「稲荷寿し」以外にもさまざまな弁
当をつくっています。

❺ 駅へ運ぶ

店ごとに必要な量の弁当を仕分けして、車で駅に運びます。始発が出たばかり
の早朝、人がまばらな駅に到着し、ようやく弁当がならびます。

薄暗い時間に豊橋駅に到着。弁当を
カートで運びます。

作業者用の改札をぬけて、駅構内に入り
ます。

新幹線はま
だ始発前。
シャッター
を開けて、
中の店に向
かいます。

店の裏のとびらから、弁当を運
び入れます。

店のスタッフがケースにならべてい
きます。

オープン！
用意ができたら店を開け、
お客さんを待ちます。

手づくり弁当の お助けアイテム

家庭での手づくり弁当の技を助ける、便利な食材や道具がいろいろあります。こうしたものを上手に使うと、弁当づくりがグンと楽しくなりそうです。

冷凍食品

凍ったまま入れられる！

冷凍グラタン
朝、弁当をつくるときに、冷凍庫から出してそのままつめると、昼ごろにはちょうど解凍されておいしく食べられるグラタンです。きれいなカップに入っているので、ほかの食材との仕切りもいりません。

冷凍からあげ
しっかり味のついた、ごはんに合う味わいの冷凍からあげです。こちらも自然解凍で、朝つめたら、昼には食べごろになります。保冷の役割にもなりそうです。

アイデアのり

いろんな形の楽しいのり

カップ型のり
カップの形につくられたのりです。中に小さく丸めたおにぎりや、料理を入れれば、カップごと食べられます。

型ぬきのり
さまざまな形にぬきやすいように、切りこみが入っているのりです。動物以外にも、乗りものや草花、恐竜などの種類もあります。

おにぎり用のり
のりに入っている切りこみに沿ってぬき、おにぎりに巻くと、パンダがおにぎりに抱きついているように見えるユニークなのりです。

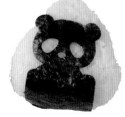

16

野菜のシート

カラフルなのり？
いいえ、野菜だよ

ベジート

野菜のペーストを寒天で薄くかためたものです。のりのようにおにぎりに巻いたり、おかずを巻いたり、はさみで切って飾りにしたり、アイデア次第でいろいろ使えます。ニンジンやホウレンソウ、カボチャ、トマト、ダイコンなど野菜ごとに色がかわります。

100円均一アイテム

次つぎに出る
新商品が楽しみ

シリコンカップ

使い捨てではなく、洗えば何度も使えるエコなカップです。レンジに使えるもの、冷凍可、食洗器対応など、機能もさまざまです。

おにぎりフィルム

コンビニ商品のような、パリパリのりのおにぎりがつくれるフィルムです。のりをフィルムにはさみ、フィルムごとおにぎりを包みます。

ピック

肉だんご、ウズラの卵、プチトマトなど、小さなものを刺して食べやすくします。いろどりにもなり、刺すだけではなやかな弁当になります。

ごはんボール器

3つのへこみに、ごはんを入れてふると、コロンとボールの形になります。左ページのカップ型のりの中のごはんは、このアイテムでつくっています。

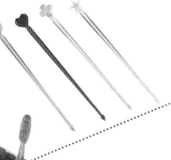

抗菌シート

アリルカラシ油という、ワサビやカラシにふくまれる成分がぬられたシートです。弁当にのせることで、菌が増えるのをおさえ、食品を傷みにくくします。

昔と今の弁当箱いろいろ

江戸時代の弁当箱

江戸時代には食文化が発展し、弁当を楽しむ人が増えました。工芸品の職人がつくる弁当箱もさまざまにくふうされ、弁当の文化をはなやかにしています。

季節の行楽に

春の花見
桜と流水の模様がうるしぬりで表現された弁当箱です。箱を重ねた重箱の形で、小皿や酒用のさかずきもセットになっています。

紅葉狩
カエデやイチョウがうるしぬりで表現されています。手さげのついたわくの中に、3種類の重箱がちょうど入るようにつくられています。

運びやすい形に

天びん棒かつぎ用
右の絵に描かれているように、天びん棒を通すための穴があいています。左上の部分は、酒を温められるように、炭を入れるところがついています。重さにたえられるように、金属で補強されているのも特徴です。

見立てを楽しむ

茶がま風

置いてあれば、ほどよく年数のたった茶がまに見えますが、じつは弁当箱。持ってみると、木製で軽いのにおどろきます。ふたの部分がさかずきになっているのも楽しいくふうです。

本物の茶がまとまちがえそう！

碁盤風

囲碁をする盤の形になっていますが、その中に食べものをつめることができます。大きさに合わせた碁石があれば、そのまま遊ぶこともできます。

かわり素材

網かご

網かごの技をふんだんに使った弁当箱です。わく、箱、筒、皿など5種類もの編み方が用いられ、とても手のこんだデザインになっています。

焼きもの

唐草やつるなど、縁起のよい模様が描かれた陶磁器の弁当箱です。土をこねて形をつくり、焼いてしあげる陶磁器は、焼く前後で大きさがかわってしまうので、重箱のように形を合わせるのはたいへんです。

ひとり用

腰弁当箱

ひもの先に、クリの形の飾り（根つけ）がついていて、それを着物の帯の間に通してぶら下げて持ち運ぶことができる弁当箱です。

19

今どきの弁当箱

今使われている弁当箱を見てみましょう。ずっと使われ続けているもの、新しく時代に合わせたものなどさまざまです。どんな中身を入れようか、どこに持って行こうかと、想像がふくらみます。

木のぬくもり

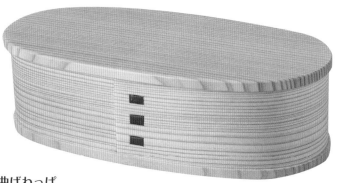

曲げわっぱ

秋田県の秋田杉を使った伝統的な工芸品です。スギを薄く切り、熱を加えながらゆっくり曲げて形をつくります。スギの抗菌効果や、呼吸する性質などが、弁当箱に向いています。

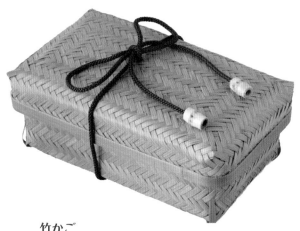

竹かご

タケを薄いひも状にして、編んでつくります。おにぎりやサンドイッチなど、軽食用にぴったりです。

素材いろいろ

アルミ

軽くて丈夫で清潔感を保ちやすい弁当箱の素材として、長く活用されています。熱が伝わりやすい特徴があり、アルミ弁当箱用の保温機で温めて食べることもあります。

木製風プラスチック

木の風合いを表面にデザインしたプラスチックの弁当箱です。木の雰囲気を出しながら、ゴムパッキンで密閉性を高め、電子レンジにも使える便利さを兼ね備えています。

布＋プラスチック

布をプラスチックにはりつけてデザインした弁当箱です。弁当用の袋をそろえることもできます。

ガラス＋木質繊維

割れにくい丈夫なガラスに、木質繊維のカバーをはめた弁当箱です。木質繊維はガラスを守りながら保温する効果もあります。透明なガラスの特徴を生かして、カラフルな素材を層にしてもりつけるのも、楽しそうです。

ふたも活躍

ふたがおわんに

2段の弁当の上におわんがさかさまにのっています。インスタントみそしるなどを用意すれば、湯を入れて食べることができます。

ふたがカッティングボードに

木製のふたがついた弁当箱です。ナイフがあれば、この上で食材を切ることができます。パンやくだもの、チーズなど、切りたてを食べることができます。

もり上がったふた

弁当は、ちょっとふんわりはみ出すようにつめると、見栄えよくなります。そうしたもりつけがしやすいようにつくられた、高さのある内ぶたです。

保温・保冷

丼もの弁当に

下にごはんを入れ、上にかける具を入れて持ち運び、食べるときに上の具材をごはんにのせれば丼もの料理が食べられます。保温・保冷とも可能なので、夏は冷たいめん類の弁当にすることもできます。

おにぎり用保冷ケース

三角につくったおにぎり1個をそのまま入れられます。夏など、食べものが傷みやすい季節なら、保冷剤を入れておけば安全に持ち運べます。

スープジャー

スープやシチューなどを入れて、熱あつのまま持ち運べる容器です。具だくさんのスープを入れれば、おにぎりをプラスするだけでも栄養バランスのよい食事になります。

おやつがわりに
おにぎりを♪

21

世界の弁当を見てみよう

日本の豊かな弁当文化は、世界に広まっています。日本の弁当箱専門店が開いている「国際Bento コンテスト」に応募された、世界各国の弁当を見てみましょう。

国際 Bento コンテスト

京都の弁当箱専門店「BENTO&CO」が、インターネットを通じて、日本をふくめ世界から作品を募集して開催している弁当コンテストです。それぞれの地域の産物や人びとのくらし、食文化が見えてくる、楽しいコンテストです。

ドイツ

上の箱には日本風のすしがつめられています。下の箱はにぎやかに、ドーナツ形の肉だんごや、黄身と白身を分けた玉子焼きなど、ユニークです。

フランス

デニッシュを主食にした弁当です。コーンやアスパラガスのソテーをおかずに、エクレア風のおかしに、イチゴのホワイトソースがけなど、色合いがはなやかです。

日本の曲げわっぱ（20ページ参照）の弁当箱につめられています。弁当箱をふくめ、日本への思いが感じられる内容です。ドライフラワーのバラが飾られ、おしゃれな雰囲気を出しています。

アメリカ

日本のアニメ映画のキャラクター、トトロそっくりの弁当です。そばで体をつくり、チーズやのりで顔や模様を表現しています。かまぼこのかさが、かわいいアクセントになっています。

カナダ

 インターナショナルがテーマだった、2019年のコンテストのグランプリ作品です。旅行で行った韓国をイメージしてつくったそうです。メニューだけでなく、もりつけにも韓国文化が表れています。

 あめやおかしを取り入れて、宇宙のお姫さま？の世界が表現されています。インパクトのある、楽しい弁当です。

スペイン

マレーシア

揚げためんを器にしたり、型ぬきしたカラフルなドラゴンフルーツを使ったり、料理や食材に地域の特色が出ています。

 白いめんをかみの毛とした、かわいい女の子の顔の弁当です。ようじをかんざしのように刺したり、パスタをリボンにしたり、アイデア豊かです。

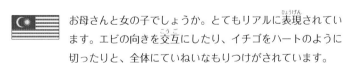 お母さんと女の子でしょうか。とてもリアルに表現されています。エビの向きを交互にしたり、イチゴをハートのように切ったりと、全体にていねいなもりつけがされています。

シンガポールの会社のランチにおじゃまします！

シンガポールの貿易関連会社のランチ風景です。昼休みになると、近くの店で弁当を買って会社で食べる人が多いそうです。写真は紙に包んで持ち帰る弁当で、ごはんの上に肉や野菜のおかずがのっています。箱型の場合もあります。

「弁当の日」を楽しもう！

2001年に香川県の小学校ではじまった「弁当の日」を知っていますか？　今や全国的に広がり、2020年までに約2300校でおこなわれました。どんなことをするのか見てみましょう。

基本のルールはすべて自分でやること！

その1　自分で献立を考える

弁当箱の中身に何を入れるか、どんな量を、どんな配置で入れるかなど、自分で考えます。当日こまらないように、家の人と練習しておきましょう。

その2　自分で買い出しをする

献立を考えたら、弁当を持って行く前日までに、必要なものを用意します。弁当で使うのはほんの少しなので、家にあるものを確認して、たりないものだけを買いに行きます。

その3　自分で調理をする

調理をはじめる時間を決めて、目覚まし時計をセット！　けがや事故に気をつけながら、調理をします。事前に練習しておけば、当日自信をもってできます。

その4　自分で弁当箱につめる

できた料理を冷ましてから、弁当箱につめていきます。味がまざらないように、すき間をつくらないように、しるがもれないようにと、気を配ります。

その5　自分で後かたづけ

後かたづけも自分でおこないます。調理道具などをきれいに洗い、残った食材をしまったり、ごみを処理したりします。

その6　自分で食べる！

学校に持って行き、おたがいに「見せっこ」しながら、楽しく食べましょう。きっとまた、つくりたくなりますよ。

「めんどくさい」「かっこわるい」「朝起きたくない」……。「弁当の日」をはじめる前は、いろんな言葉を聞きます。それでもやってみることが大事です。地味な弁当でもいいんです。ちょっと味つけをまちがってもいいんです。体験すれば、おのずといろいろな気づきがあると思います。生きる力がつくでしょう。「弁当の日」の経験は、未来を豊かにするものだと信じています。

発案者の竹下和男さん

香川県で小学校の校長先生をしていたときに、子どもたちや家族、社会のためになると、「弁当の日」を実施し、今も講演や著作などで「弁当の日」を広める活動を続けています。

小学校の「弁当の日」を見てみよう

**栃木県
宇都宮市立
岡本北小学校**

宇都宮市では、全小中学校で「弁当の日」がおこなわれています。1回目は「おにぎりの日」、2回目は「お弁当の日」として、学年に合わせて、家の人といっしょにつくったり、ひとりでチャレンジしたりしています。「弁当の日」によって、「生きることは食べること」として、生きるための力が身につく行事になっているそうです。

**宮崎県
西都市立
妻南小学校**

宮崎県では、ほぼ100％の小学校で「弁当の日」がおこなわれています。学年に合わせて、1・2年生では家の人を手伝って弁当づくりを体験、3・4年生では食材を選んだり、切ったりなどの調理も一部おこない、5・6年生では献立を自分で考え、調理や後かたづけなど、なるべく自分でチャレンジします。ステップをふんで「できる」ことを実感し、食べものに感心をもち、感謝する心をもてるようになるそうです。

> いろどりよく、たくさんのおかずがおいしそう！

> 目玉がついたおにぎりがあれば、ぴっちりのりが巻かれたおにぎりも。いろんなくふうがあって楽しいね！

> さあ、みんなでいただきま〜す♪

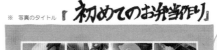

※ 写真のタイトル『初めてのお弁当作り』

> お米をといだり、玉子焼きをつくったり、いっぱいお手伝いしてつくったよ！（1年生）

> 自分で育てたピーマンを使ったよ！マヨネーズと相性がいいんだ♪（3年生）

※ 写真のタイトル『おいしいおべんとうができたよ』

※ 写真のタイトル『ニコニコ弁当』

> のりで笑顔をつくりました。今度は家族みんなのお弁当をつくりたいです！（6年生）

いろいろな「弁当の日」

　小学校では、調理実習のある5・6年生がおこないます。家庭の協力（手を出さない、子どもが包丁や火を使うことの理解など）が必要なので、説明会などをしてから実施します。低学年のうちに、お手伝いからはじめる取り組みもあります。また、中高で実施している学校も多くあります。

　学校でおこなわれない場合、家庭でおこなうこともできます。調理実習をしていない年齢なら、大人からひとつずつ教わりながらつくります。「弁当の日」を経験してお母さんになった人で、小学校入学前の子どもに料理を教えている人もいます。できることから学べば、いつか自分のために、家族のために、ひとりで弁当をつくれる日がくるでしょう。

もっと弁当を知ろう

「弁当」が登場するころまでの携帯食(けいたいしょく)

くらしの中で、長く家をはなれるときには食べものを持って行く必要があります。「弁当」という言葉が登場するころまでの携帯食(けいたいしょく)の世界を見てみましょう。

古代の携帯食(けいたいしょく)

◆縄文(じょうもん)クッキー

まだ稲作(いなさく)が伝わる前の縄文(じょうもん)時代（およそ16000〜3000年前）の日本では、海や川で魚介類(ぎょかいるい)などをとったり、野山で植物をとったり動物をつかまえたりしてくらしていました。便利な乗りものもなく、そぼくな道具しかない時代ですから、丸一日や、何日もかけて出かけて獲物(えもの)を探(さが)すこともあったでしょう。そんなときに食べていただろうといわれているのが、木の実や現在(げんざい)「縄文(じょうもん)クッキー」とよばれるものです。

縄文(じょうもん)クッキーは、東日本の数か所の遺跡(いせき)から発掘(はっくつ)されていて、成分を調べて再現されています。ドングリやトチの実を水にひたすなどしてアクをぬいて粉にしたものに卵(たまご)、クリやクルミなどの木の実などを加えて焼いてつくっていたようです。

◆ちまき風おにぎり

その後、弥生(やよい)時代（およそ3000〜1800年前）に入ると、米やもち米が栽培(さいばい)されるようになります。弥生(やよい)時代の杉谷チャノバタケ遺跡(いせき)（石川県）で、日本最古といわれる「おにぎり」が発掘(はっくつ)されました。正式には「ちまき状炭化米塊(じょうたんかまいかい)」で、蒸(む)してから焼いたあとがあります。日常(にちじょう)食べるおにぎりというより、お供(そな)えだった可能性(かのうせい)もあると考えられています。どちらにしても、おにぎり状のものが弥生(やよい)時代にあったということは確(たし)かなようです。

◀ちまき状炭化米塊(じょうたんかまいかい)
弥生(やよい)時代の遺跡(いせき)である「杉谷チャノバタケ遺跡(いせき)」（石川県鹿島郡中能登町(かしまぐんなかのとまち)）から発掘(はっくつ)された米のかたまりで、「おにぎり」とよばれています。

◆糒(ほしいい)（干し飯(ほしいい)・乾飯(かれいい)）

古墳(こふん)時代（およそ1800〜1300年前）、保存(ほぞん)や携帯(けいたい)を目的に、おもにもち米をたいて（または煮(に)て）から乾燥(かんそう)させた糒(ほしいい)がつくられるようになったと考えられています。旅先では、葉にのせて水や湯でもどしてから食べていたのでしょう。

この糒(ほしいい)は、干し飯(ほしいい)・乾飯(かれいい)などとも書かれ、昭和時代まで続く携帯(けいたい)食・保存(ほぞん)食として、人びとにとって身近な存在(そんざい)でした。昭和ごろまで、油で揚げておやつとして食べていた家庭もあったようです。

文書に残る旅の携帯食(けいたいしょく)

奈良(なら)時代（710〜794年）にまとめられた『日本書紀』(720年)には、「糒(ほしいい)を裀(きぬ)の中に裏(つつ)みて坂田(さかた)に到(いた)づ」と書かれています。京から坂田(さかた)（滋賀県）へ糒(ほしいい)を持って行き、携帯食(けいたいしょく)として食べたようです。また、現在(げんざい)の茨城県の様子が記された『常陸国風土記(ひたちのくにふどき)』(713年)の写本に、「握飯(にぎりいい)」という言葉が出てくるので、おにぎりがあったと思われます。

平安時代（794〜1185年）に紫式部(むらさきしきぶ)が書いた『源氏物語(げんじものがたり)』(1008年)では、もち米でつくられたおにぎり「屯食(とんじき)」が出てきます。主人公源氏の元服(げんぷく)（成人式）の宴(えん)で用意されました。『伊勢物語(いせものがたり)』（作者不詳(ふしょう)・平安時代成立）では、貴族(きぞく)の主人公が、京都から関東方面へ行く東下(あずまくだ)りのときに、三河(みかわ)の国(くに)（愛知県）の八橋(やつはし)で、カキツバタのほとりで「乾飯(かれいい)」を食べたという場面があります。

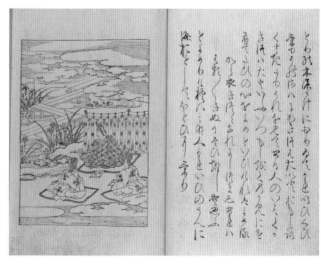

▶『伊勢物語(いせものがたり)』の「乾飯(かれいい)」が出てくる場面
一番右の行の下から「かれいひくひ（改行(かいぎょう)）けり」と書かれています。

武士・兵士たちの食事「兵糧」

鎌倉時代から（1185年〜）は、武士を中心とする時代で、領土を拡大するための「戦」がくり返されました。戦に行くと、何日も出かけたきりになります。そのために用意する食事が「兵糧」です。戦をするということは、兵糧が不可欠になってきます。敵の兵糧を燃やしたり、兵糧を運ぶ道をこわしたりする「兵糧ぜめ」は、戦の作戦のひとつでもありました。

兵糧の中には、食材を運んで現地で調理するもののほか、戦中に兵士たち一人ひとりが持ち歩く弁当風のものがありました。干し飯や焼き米、屯食、塩、みそなどが配られました。これらは腰にぶら下げていたため、「腰兵糧」ともいわれました。

里・山・海の民が食べる昼食

日本人の食生活は、ずっと朝と夜の1日2食が続いていました。しかし、体力を使う仕事をする人たちや、戦う兵士たちはそれでは体力がもちません。そこで、室町時代（1336〜1573年）のころから、そうした人たちが、携帯食を持って行き、仕事の合間に食事をとる習慣が生まれました。

農民は、田植えや稲刈りなど、家族総出でおこなう作業のときに、おにぎりやおはぎなどを用意して、昼休みをとっていたようです。それは今でも一部の地域で続いている風習で、「小昼」（こびる、こびり、こびれなどともいう）といいます。

林業や狩猟などの山の仕事は、とても体力を使うため、弁当も量が必要です。ごはんを一升分（約1.2キロ）持って行き、2回に分けて食べていたともいわれています。

漁師は、弁当を船の上で食べたり、番屋とよばれる共同の小屋で食べたりします。船上で食べるために用意する場合は、空腹を満たすだけでなく、万が一の遭難に備えて、多めに持って行くこともありました。大きな木のおけは、ときに水を運ぶ道具になったり、救命用の浮き袋になったりしました。

「弁当」が登場した安土桃山時代

安土桃山時代（1573〜1603年）には弁当箱が存在していたようです。当時のさまざまな言葉を集めた『易林本節用集』（1597年以降）に「辨當」（弁当の旧字体）がのっています。弁当の語源はいろいろありますが、中国から伝わった便利なものという意味の「便当」からきているといわれています。食事のできる店が少なかった時代、食事を持ち運びできる箱はまさに便利だったでしょう。弁当は、弁当箱の意味をもちながら、便利な携帯食としても使われた言葉のようです。

また、弁当に似ているものとして「行厨」「面桶」「さげ重」などがあります。行厨は、道中に使う台所という意味で、弁当と同じ意味で使う場合もあります。面桶は、一人分ずつごはんを入れて配る器で、語感も弁当に近く、さげ重は、持ち手をつけた重箱で、持ち運べるようになり、弁当箱としても使われます。広い意味をもった弁当は、太平の世となり、庶民文化が花開いた江戸時代に発展していきます。

忍者が食べた「兵糧丸」？

時代小説などで忍者が「兵糧丸」という携帯食を持っている場面が出てくることがあります。江戸時代前期に書かれた伊賀・甲賀の忍者の忍術を伝える書『万川集海』にくわしいつくり方がのっていますから、本当に食べていたようです。名前の通り、戦国時代の兵士たちの兵糧にもなっていました。つくり方は武将や忍者の家によってさまざまで、米やソバなど穀物、豆類や干した魚介のタンパク源、そのほか薬草や野草、野菜などの粉やペーストを、数種類まぜて丸めてつくります。今でいう、栄養補助食品のようなものだったのでしょう。

▲『江戸名所図会』（1834年）松濤軒齋藤長秋（斎藤幸雄）編
神奈川県金沢文庫で、農作業の間に重箱に入れたおにぎり（またはおはぎ）を食べて休んでいる様子。

▲江戸時代ごろに描かれた、行楽一行の様子
弁当箱の手前で、黒い着物の人は赤い魚を焼き、横に調理前の野菜などがあります。行き先で調理をする「行厨」の場面です。

◆宣教師が翻訳した弁当

『日葡辞書』（1603〜04年刊行）は、キリスト教イエズス会の宣教師たちがつくった、日本語をポルトガル語に訳した辞書です。その中に「bentō（ベンタゥ）」の項目があり、日本語訳「便当、弁当」とし、意味を「充足、豊富」、「文具箱に似た一種の箱であって、抽斗がついており、これに食物を入れて携行するもの」と説明されています。この辞書はのちにスペイン語やフランス語にも翻訳されていますから、当時のヨーロッパ人に「bento」という言葉が紹介されていたことになります。

江戸時代に発展した弁当文化

江戸時代は日本の文化がさまざまに発展した時代です。弁当も必要にせまられたものではなく、楽しむためのものに変化していきます。

1日3食になって、弁当が広まる

戦の時代が終わり、江戸時代（1603～1868年）に入り生活が安定してくると、武士や町民たちも、1日2食から、昼食を加えた1日3食が一般的になりました。そのため、仕事で家を出るときには、弁当を持って行くようになったのです。落語「唐茄子（または南瓜）屋政談」には、カボチャ売りが民家の一部を借りて弁当を食べる場面がありますから、ごくあたり前のことになっていたようです。江戸城で働く役人たちも、弁当を持参したといいます。奉行などの立場の上の人は、煮ものなどのおかずつきの弁当を用意できましたが、下級役人はおにぎりとつけものくらいだったようです。

また、交通網が発達し、行商やお伊勢参りなどで旅をする人が増えました。おにぎりや干し飯などの弁当を持って、長い道中に食べて、体力をつけていたようです。

◀『東海道五十三次細見図会 藤沢』（1845～1848年）初代歌川広重 画
東海道の藤沢（神奈川県）で、おにぎりを食べたり、休んだりしている様子が描かれています。

みんなで宴を楽しんだ花見弁当

江戸中期になると、こうした日常の弁当のほかに、くらしを楽しむための弁当も登場します。8代将軍・徳川吉宗（1684～1751年）が、江戸の飛鳥山、御殿山、隅田川堤、小金井に桜の名所をつくり、庶民に開放しました。春の花見は江戸の町の人びとの年中行事となり、「花見弁当」を持って行き、宴会を楽しみました。花見弁当には「福を重ねる」という縁起もあり、おもに重箱が使われたようです。重箱は段ごとにいろいろな献立をコンパクトにつめることができ、広げたときの感動は、宴をもり上げたことでしょう。

▲『江戸名所 飛鳥山花見乃図』（1853年）初代歌川広重 画
同じ寺子屋に通う子どもたちが、そろいの装いで花見に行く風習があったそうです。

◀『江戸名所図会 飛鳥山』（1843～47年）初代歌川広重 画
飛鳥山（東京都北区）で花見を楽しむ、はなやかに着飾った女性たちの様子。この日ばかりは外で堂々と酒が飲めたそうです。

芝居見物から生まれた弁当

　江戸時代中期から、江戸を中心として歌舞伎のほか、各地でさまざまな芝居小屋がたち、芝居見物がはやりました。小屋の周囲には茶屋が何軒もならび、芝居の前後に立ち寄って食事や軽食を楽しみました。のちに、小屋の中の桟敷席や枡席で、茶屋の人が注文をとり、酒や弁当、菓子などを届けるようになり、食事をしながら芝居見物をするようになりました。

　芝居の幕間（芝居と芝居の間）に、裏方が食べるためにつくられたのが「幕の内弁当」です。それが観客向けにつくられるようになり、広まっていきました。木の箱に、白いごはん、煮もの、副菜、玉子焼き、かまぼこがつめられていました。箱はおもに回収されていたようです。

　また、芝居になぞらえた弁当も登場します。「助六ずし」（5ページ参照）は、有名な演目「助六由縁江戸桜」の主人公・助六の恋人・揚巻から名前がつきました。「揚＝油あげの稲荷ずし」「巻＝のり巻き」として、稲荷ずしとのり巻きが入ったすし弁当をさすようになりました。

折りづめ弁当のはじまり

　江戸の後期になって登場するのが「折りづめ弁当」です。木を薄く切った「経木」（スギ・マツ・ヒノキなど）を、折り曲げて組み立てた、使い切りの箱「折り（箱）」に入れた弁当です。日本橋で食事処を開いていた樋口与一が、残った料理を経木や竹の皮に包んで持ち帰ってもらったことがはじまりといわれています。評判がよく、のちに持ち帰り用に折りにつめた弁当をつくるようになりました。

三代目樋口松次郎のころには、弁当中心になっていたために、「弁松」として、1850年に日本で最初の折りづめ弁当専門店を出しました。今は日本橋弁松総本店（10〜13ページ参照）として、当時の味を伝えています。

▶ 1896年に出された弁松の広告（上半分）
右の箱の中にはいくつもの折りづめ弁当がならんでいます。木おけに入れた弁当もあつかっていたようです。

江戸時代の花見弁当の再現

　1801年から刊行がはじまった『料理早指南』（醍醐散（山）人 著）にのっている花見弁当を、北区飛鳥山博物館（東京都）より依頼を受けて時代料理を研究する料理家・福田浩さんが再現したものです。上・中・下と3つのランクを見ることができます。

▲「花見の提重詰　中の部」
「上の部」より品数がグンと減ります。山の幸、海の幸のおかずと、和菓子の4段重に、竹皮で包んだ焼きおにぎりの組み合わせです。

▲「花見の提重詰 ならびに小割籠　上の部」
さしみや魚料理、おかずや卵料理のほか、和菓子がつめられた4段の重箱と、酒どっくりを組み合わせたさげ重箱と、焼きおにぎりと山菜などの副菜が入った小さい2段の弁当箱の組み合わせです。

◀「花見の提重詰　下の部」
「中の部」を、さらにかんたんにした内容です。おかず・和菓子・焼きおにぎりは、花見弁当の定番の組み合わせだったのかもしれません。

世界に広がる 日本の弁当文化

明治時代以降は、家庭でつくられる弁当のほか、弁当を購入できるさまざまな形態ができました。さらに、近年は世界に弁当が広まり、進化しています。

弁当文化を広めた文明開化

世界との交流が一気に広がった明治時代（1868～1912年）、西洋文化を取り入れようと「文明開化」がすすめられました。そのシンボルのひとつが鉄道でした。1872年、日本最初の鉄道が、東京・新橋から神奈川・横浜に開通し、その後、細長い日本をつなぐように鉄道は全国に広まっていきました。これは弁当にも大きな変化をもたらしました。「駅弁」の誕生です。最初の駅弁は1885年宇都宮駅（栃木県）で売り出された、おにぎり2個とたくわんを竹の皮で包んだものだったようです（1883年に上野駅という説もあります）。その後、各地の駅で駅弁が販売されるようになりましたが、メニューは全国ほぼ同じでした。

内容を一新させたのが、1888年に東京から神戸（兵庫県）の東海道本線の開通を記念して姫路駅（兵庫県）で販売された幕の内弁当風の「上等御辨當」（まねき食品）でした。

また、国による教育制度がはじまり、子どもたちは手づくり弁当を持って学校に通うようになりました。学校給食が広まると手づくり弁当は少なくなりましたが、今はまた、手づくり弁当のよさが注目されています。

さまざまに変化する弁当

1965年ごろから、つくりたての温かい弁当の販売がはじまりました。これにより、持って行く弁当から、買って帰る弁当が登場したわけです。その後、デパートやスーパーでも弁当が売られるようになります。今ではコンビニの主力商品にもなっています。

一方、家庭でつくる弁当としては、1990年代からキャラ弁が注目を集めるようになり、アイデアをもりこんだ料理本も多数発行されました。健康を意識した弁当は、家庭でも、店でも増えていきます。

さらに、飛行機に乗るときの「空弁」ができたり、道の駅などで地元の食材を使った弁当が売り出されたり、弁当が買える場面が増えていきました。高齢者の健康を気づかい、食べやすく調理した宅配弁当も注目をあびています。

こうした日本の弁当文化は、世界でも注目をあびています。bentoは海外でも通じる言葉になり、フランス語の辞書に項目があるほどです。「国際Bentoコンテスト」（22～23ページ参照）でも、世界各国から手づくり弁当の応募がありますし、弁当専門店がある地域もあります。弁当は、日本独自で発展してきましたが、これからは世界でも発展していくでしょう。

◀ 1965年ごろの横川駅
「峠の釜めし」（9ページ参照）で有名な駅弁店・荻野屋の4代目社長（左）が販売準備をしているところ。荻野屋は宇都宮駅に続いて同年（1885年）に横川駅で駅弁を売りはじめました。

◀ お弁当　静岡駅　東海軒
日本平から富士山が見える様子を描いた、1930年に売られていた弁当のかけ紙。

▶ 祝東京オリンピック1964　シウマイ弁当
横浜名物の駅弁「シウマイ弁当」（8ページ参照）の﨑陽軒が、オリンピックを記念して用意したかけ紙。

日本の弁当文化を世界へ発信

2012年に京都で弁当箱専門店を開いたのは、フランス人のベルトランさんでした。はじめて日本で松花堂弁当を食べたとき、フルコースが美しく箱につめられていることに感動したそうです。弁当は、「箱の種類が豊富で美しく、何度も使えてエコ」「中身はきれいなだけでなく、おいしく食べやすいくふうがされている」など、魅力がいっぱいあるので、ランチタイムをたいせつにするフランス人にも受け入れられると考え、ネット販売からはじめたそうです。今では125か国へ発送し、bentoを世界へ広めています。

▲ 弁当箱専門店「BENTO&CO」内で、日本の弁当について語る代表のベルトラン・トマさん。

弁当にかかわる仕事をするには

弁当にかかわる仕事は、どんなものがあるのか調べてみましょう。伝統的な弁当文化を守り受けつぐ仕事がある一方、弁当の発展や文化の発信にかかわる仕事など、多種多様です。

弁当をつくる仕事

10～13ページの日本橋弁松総本店や、14～15ページの壺屋では、朝から弁当が店にならぶようにするために、深夜から仕事をします（日中の仕事もあります）。またコンビニなどで売られる弁当や、弁当専門店で売られる弁当は、セントラルキッチンといって、複数のところに卸す弁当や弁当の中身を、1か所の工場でつくっている場合もあります。そうしたところに勤めるのもひとつの方法です。ともに衛生面に気を配り、ルールを守ってていねいに作業することが求められますが、とくに必要な資格などはありません。

しかし、つくりたての弁当専門店や、コンビニの弁当などは、つねに変化が求められ、メニュー開発にも力を入れています。そうした仕事をするには、調理師や栄養士、管理栄養士などの資格をとっておくといいでしょう。

弁当を売る仕事

弁当専門店の店頭では、もりつけやかんたんな調理をする場合もあります。総菜をあつかう店やスーパー、百貨店などでも弁当が売られていますから、いろいろな職場があります。

駅弁を売る店で働くなら、あつかっている弁当をきちんと理解し、旅を楽しむ客へそれぞれの弁当の特徴を説明できると、つくり手との橋渡しができ、やりがいを感じるでしょう。都市部の主要駅には、各地の駅弁をとりそろえた専門店があります。実際に、東京・上野駅には、「カリスマ駅弁販売員」としてテレビや雑誌で紹介された人がいました。

弁当箱をつくる仕事

弁当箱をつくっているメーカーに就職して、商品開発や製造、営業などの仕事をするのもいいでしょう。弁当箱を購入すると、製造元や販売元などが書いてあるので、わかります。

また、伝統工芸の弁当箱をつくりたいなら、その職人のもとで修業する必要があります。曲げわっぱのような木工品、かごなどの竹細工、経木による折り箱など、それぞれに専門の職人がいます。本やインターネットなどで調べてみるといいでしょう。

まわりを見て息を合わせて作業を

高橋亮一 さん
有限会社日本橋弁松総本店

5年ほど前に弁松に入りました。はじめは、折りづめ作業から学びます。そのおかげで、会社の製品をひと通り覚えますし、先輩たちがつくった品を見本として目に焼きつけることができます。さらに、おたがいに気づかいをしながら、息を合わせて作業するたいせつさも身に染みて感じました。これは、調理をやるようになってからも同じです。まわりへの気づかいも必要ですが、人の作業を見て気づくことがいろいろあります。

入って半年ほどで玉子焼きを教えてもらい、1つの鍋からはじめて、それから半年くらいで3つの鍋をあつかえるようになりました。きれいに焼くには、まめな火加減調整が必要です。弁松の伝統にのっとって、まじめに取り組むことができる人に、この仕事は向いていると思います。

弁当と日本文化

弁当は、いわゆる携帯食です。世界中にあるものといってもいい過ぎではないでしょう。しかし弁当は、日本固有の文化として、世界が注目する食文化のひとつになりました。箱の中にきれいに区切ってごはんやおかずをつめ合わせ、それが美しく、おいしく、衛生的で、季節も表現されているのです。自分でつくっていても、ふたを開けたときにはうれしさがこみ上げるものです。日本には昔から、食によって季節を楽しむ文化があったことも、弁当が発展した理由のひとつになっているかもしれません。

1箱でいくつもの食材がとれる弁当は、健康面でもよいといわれています。手づくり弁当は、コミュニケーションのきっかけになりますし、弁当箱は何度も洗って使えるので、ごみを減らせます。弁当はbentoとして、世界の人たちにも知られるようになりました。

弁当は伝統を受けつぎながらも、どんどん進化しています。ただの食事の入った箱ではなく、季節を楽しむ心や、食べものをていねいにつくり、もりつける文化なども合わせて、弁当文化を未来につなげていくことがたいせつです。

著者…和の技術を知る会
装丁・デザイン…DOMDOM
撮影…イシワタフミアキ、田邊美樹
イラスト…あくつじゅんこ
編集協力…山田 桂

■撮影・取材協力
(有)日本橋弁松総本店
　http://www.benmatsu.com/
(資)壺屋弁当部
　http://tsuboya-toyohashi.com/
半兵衛麸（お辨當箱博物館）
　https://www.hanbey.co.jp/
BENTO&CO［(株)ベルトラン］
　https://www.bentoandco.jp/
(株)オフィス弁当の日
　https://bentounohi.co.jp/
弁当の日応援プロジェクト（共同通信）
　https://bentounohi.jp/
北区飛鳥山博物館
　https://www.city.kita.tokyo.jp/hakubutsukan/

■参考資料
『日本のお弁当文化』権代美重子著／法政大学出版局 2020
『Epta vol.74』特集日本のお弁当　エプタ編集室編／肌粧品科学開放研究所 2015
『聞き書 ふるさとの家庭料理　第19巻　日本のお弁当』奥村彪生解説／農文協編／農山漁村文化協会 2003
『日本の「食」とくらし3　時代ごとに調査しよう』竹内由紀子監修／学研プラス 2003

■写真・図版・資料協力
＜カバー・表紙＞
キャラ弁：高梨泉、玉子焼きづくり・折りづめ・うま煮づくり：(有)日本橋弁松総本店、運動会：監物真樹、『江戸名所図会 飛鳥山』：北区飛鳥山博物館、曲げわっぱ・竹かご・ふたがおわんに：BENTO&CO、助六弁当：(資)壺屋弁当部、春の花見：半兵衛麸（お辨當箱博物館）

P1～3＜本扉／はじめに／もくじ＞
折りづめ：(有)日本橋弁松総本店、1965年ごろの横川駅：(株)荻野屋、ひっぱりだこ飯：(株)淡路屋、峠の釜めし：(株)荻野屋、壺屋店頭：(資)壺屋弁当部、おにぎり用保冷ケース・アメリカの弁当：BENTO&CO、法界折：(有)ANEKKO

P4～9＜弁当の世界へようこそ＞
運動会：監物真樹、キャラ弁：高梨泉、助六弁当：(資)壺屋弁当部、あく巻き（鹿児島市保健所保健政策課健康づくり係）：農林水産省 Web サイト＊、元祖椎茸めし：宮崎駅弁当(株)、遊山箱：遊山箱文化保存協会、わりご弁当：香川県、ひっぱりだこ飯：(株)淡路屋、めはりずし：紀宝町役場、越前かにめし：(株)番匠本店、ますのすし：(株)源、豊川稲荷ずし：(資)壺屋弁当部、シウマイ弁当：(株)崎陽軒、鉄砲巻き：富津市、峠の釜めし：(株)荻野屋、えび千両ちらし：(株)新発田三新軒、牛肉どまん中：(有)新杵屋、法界折：(有)ANEKKO、いかめし：(株)いかめし阿部商店

P10～17＜弁当の技を見てみよう＞
老舗弁当店のスゴ技：(有)日本橋弁松総本店、駅弁のスゴ技：(資)壺屋弁当部・東海旅客鉄道(株)、冷凍食品：味の素冷凍食品(株)、アイデアのり：名代地蔵海苔 ゑぬき（まる浪）、野菜のシート：(株)アイル

P18～21＜昔と今の弁当箱いろいろ＞
江戸時代の弁当箱：半兵衛麸（お辨當箱博物館）、今どきの弁当箱：BENTO&CO

P22～23＜世界の弁当を見てみよう＞
国際Bentoコンテスト：BENTO&CO、シンガポール：Norainie

P24～25＜弁当の日を楽しもう！＞
竹下和男［(株)オフィス弁当の日］、栃木県宇都宮市立岡本北小学校、宮崎県西都市立妻南小学校、宮崎県

P26～31＜もっと弁当を知ろう＞
ちまき状炭化米塊：中能登町、『伊勢物語』・『東海道五十三次細見図会 藤沢』：国立国会図書館、『江戸名所図会』：都立中央図書館特別文庫室、江戸時代ころに描かれた行楽一行の様子：半兵衛麸（お辨當箱博物館）、『江戸名所 飛鳥山花見乃図』・『江戸名所図会 飛鳥山』・江戸時代の花見弁当の再現・お弁当 静岡駅 東海軒・祝東京オリンピック1964 シウマイ弁当：北区飛鳥山博物館、弁松の広告・弁当にかかわる仕事をするには：(有)日本橋弁松総本店、1965年ごろの横川駅：(株)荻野屋、日本の弁当文化を世界へ発信：BENTO&CO、弁当と日本文化：監物真樹
　　　　　　　　　　　　　　　　　　　　　　　（敬称略）

＊農林水産省 Web サイト（https://www.maff.go.jp/index.html）

子どもに伝えたい和の技術12　弁当
2021年3月　初版第1刷発行

著 ………………… 和の技術を知る会
発行者 ………… 水谷泰三
発行所 ………… 株式会社文溪堂　〒112-8635　東京都文京区大塚3-16-12
　　　　　　　　　　　TEL：編集 03-5976-1511
　　　　　　　　　　　　　　営業 03-5976-1515
　　　　　　　　　　　ホームページ：https://www.bunkei.co.jp
印刷・製本 ……… 図書印刷株式会社
ISBN978-4-7999-0382-7／NDC508／32P／293mm×215mm